# NOTICE

SUR

# LES TRAVAUX

## DE M. A. GUETTIER

# NOTICE

SUR

# LES TRAVAUX

## DE M. A. GUETTIER

Propriétaire et successeur des anciennes Maisons
Vande, Jeanray, Christophe ;
ancien Directeur-Ingénieur des fonderies et hauts-fourneaux
de Marquise.

EXPOSANT AUX CLASSES 40 ET 54

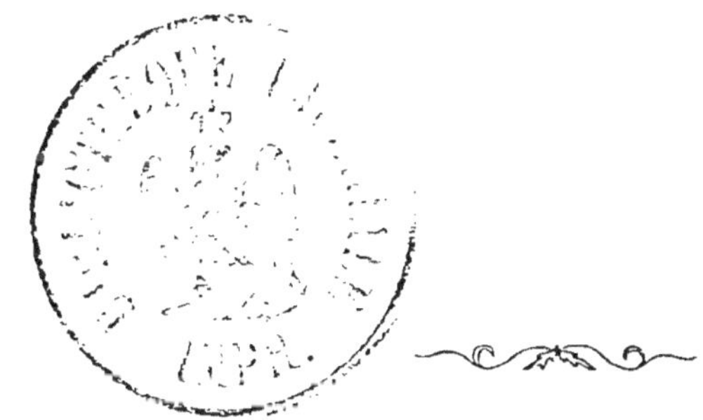

PARIS

—

1867

# TRAVAUX DE M. A. GUETTIER

## CLASSE 40

Le nom et les ouvrages de M. Guettier, dans la fonderie et dans la métallurgie, sont généralement connus. Son livre « *De la fonderie en France*, » dont la troisième édition est aujourd'hui épuisée, est consulté et admis depuis vingt ans par toutes les personnes qui s'occupent de fonderie et par les élèves des écoles industrielles. C'est le seul livre simple et méthodique qui ait été publié sur la fonderie, et il est à regretter que les occupations de M. Guettier, depuis quelques années, l'aient empêché de mettre la main à une nouvelle édition qui se serait enrichie de tous les progrès que la fonderie a fait dans ces derniers temps et auxquels M. Guettier a vivement coopéré.

M. Guettier a comblé, en quelque sorte, cette lacune, par la publication de nombreux mémoires, résultats de recherches et de travaux spéciaux, et surtout par la publication de son livre sur l'*Emploi de la fonte* et par celle du *Traité pratique des alliages*.

Le *Traité sur les alliages* contient une partie complétement neuve due aux études de M. Guettier, sur les alliages des métaux industriels les plus usités, le cuivre, le zinc, l'étain et le plomb. Il comprend, en outre, des indications intéressantes sur les alliages du tungstène dont on s'est beaucoup préoccupé, comme moyen d'augmenter la résistance du fer, de la fonte, de l'acier et du bronze. Ces travaux sur les alliages, d'un caractère tout pratique, appartiennent en propre à M. Guettier, qui n'a pas épargné les expériences pour arriver à l'étude de faits intéressant la science et l'industrie.

Le livre sur l'emploi de la fonte, le plus important de tous ceux publiés par M. Guettier, est un recueil de faits pratiques, de résultats d'expériences, et de données positives que, non-seulement les fondeurs, mais les ingénieurs, les architectes et les constructeurs ont besoin de lire et de posséder. Il y a dans cet ouvrage vingt ans de travaux, de recherches et d'observations au sein des ateliers que M. Guettier a dirigés. Et comme M. Guettier a été attaché aux usines les plus importantes et les plus sérieuses, les données que son livre indique ont un caractère d'authenticité et d'exactitude qui ne sauraient être mis en doute.

Nous citerons le titre de quelques chapitres de l'*Emploi de la fonte*, en indiquant sommairement l'importance des faits qu'ils rapportent et la part que M. Guettier a prise aux résultats utiles que ces chapitres accusent.

L'étude importante : *Recherches sur la ténacité des fontes*, a été l'objet d'expériences nombreuses et très-complètes faites par l'auteur, tant à l'École impériale d'arts et métiers d'Angers qu'aux usines de Marquise, sur les mélanges des fontes françaises avec les fontes d'Angleterre et d'Écosse, communément introduites en France. Ce cha-

pitre est en quelque sorte le *vade mecum* du fondeur,
pour tout ce qui concerne la mise en fusion des fontes et
leurs mélanges.

Les deux chapitres sur l'examen et la réception des
fontes appellent l'attention des fondeurs et des constructeurs sur les questions de retrait, d'agencement des ner-
vures, de limitation des épaisseurs, etc. Ils résument les
observations de M. Guettier à l'endroit de faits capitaux
que les constructeurs ignorent généralement et qu'il n'ap-
prennent qu'après une longue et coûteuse pratique.

Les chapitres sur la fonte trempée en coquilles, sur la
soudure de la fonte, sur le choix des fontes soumises à de
hautes températures, sur les procédés de conservation de
la fonte et du fer, traitent des sujets généralement peu
connus des ingénieurs et des fondeurs. La nature des travaux dont s'est occupé M. Guettier et les expériences spéciales qu'il a entreprises sur ces sujets, ne peuvent qu'en-
gager les chercheurs sérieux à consulter des pages où un
grand nombre de théories neuves sont soutenues par des
résultats pratiques incontestables.

Enfin, les chapitres qui traitent de la résistance des
poutres et des colonnes en fonte, de la construction des ponts
et des diverses constructions dans lesquelles la fonte peut
être employée, contiennent des études nombreuses et des résultats pratiques très-complets obtenus à la suite des expériences entreprises par M. Guettier aux usines de Marquise.

Quelques détails biographiques sur la carrière déjà
longue que M. Guettier a accomplie dans la fonderie, pour-
ront fixer l'attention sur les services qu'il a rendus à son

industrie et sur les progrès qu'il a pu l'aider à faire.

Les documents que nous avons entre les mains certifient d'une manière irrécusable ce que nous avons à dire. Ils affirment la part que M. Guettier a prise, non-seulement comme fondeur, mais comme constructeur et ingénieur, aux grands travaux de notre époque.

Après sa sortie de l'École d'arts et métiers de Châlons, M. Guettier a été attaché à l'usine métallurgique de Vrécourt, puis employé à Paris chez divers ingénieurs, ensuite aux usines de la marine, à Indret. Chargé spécialement de la fonderie de cuivre dans ces établissements, à l'époque où l'ingénieur Gengembre organisait la construction des premiers grands appareils à vapeur pour la navigation, M. Guettier a été cité au ministre comme ayant perfectionné les procédés de coulée du cuivre et fait obtenir des produits sains et homogènes qu'on n'avait pu réussir jusque-là.

De 1838 à 1841, M. Guettier a dirigé la fabrication et les travaux aux fonderies et ateliers de construction de Tusey (Meuse). Chargé d'installer la fabrication des premières grandes fontes d'art entreprises jusqu'alors par la fonderie française, il a fait exécuter, entre autres travaux importants, les fontaines monumentales de la place de la Concorde, les candélabres des Champs-Elysées, ceux de la place et du pont de la Concorde.

A la même époque, où M. Calla, à Paris, et M. André, au Val-d'Osne, allaient entreprendre de semblables travaux, les statues et les grandes pièces des fontaines de la place de la Concorde apportaient des applications nouvelles de la fonte et présentaient des difficultés réelles. Il fallait créer,

nproviser des ouvriers, et c'est avec l'aide de quelques
uvriers fondeurs en bronze pris à Paris, ouvriers habiles
ans leur métier, mais ignorant le moulage de la fonte de
er, que M. Guettier dut faire face aux exigences imprévues
'une industrie à son début qui devait précéder les œuvres
remarquables des Ducel, des Barbezat, des Durenne, etc.,
ue l'Exposition nous montre aujourd'hui.

Quittant, en 1841, les usines de Tusey pour celles voi-
nes de l'abbaye d'Évaux, au moment où les constructions
métallurgiques allaient s'affirmer et se développer dans les
ravaux publics, M. Guettier faisait exécuter, pour le canal
e la Marne au Rhin, le pont tournant de Void, le pont
iais de Pargny, des travaux d'art importants, et organisait
a première fabrication de gros tuyaux en fonte qu'entre-
rirent les hauts-fourneaux français (1).

L'usine de l'abbaye d'Évaux ayant été entrainée dans le
roupe métallurgique important que constitua alors la Société
'Abainville, M. Guettier fut appelé, de 1843 à 1848, à l'École
oyale d'arts et métiers d'Angers, comme chef de la fon-
erie et professeur de dessin. A Angers, M. Guettier fut
hargé d'installer les nouveaux ateliers de fonderie ; il fut
onsulté et fournit des documents pour la même installa-
ion qui s'opérait aux Écoles de Châlons et d'Aix, et il fut
nvoyé en mission, en 1847, à Paris, pour acheter les
collections de modèles d'ornement et d'objets d'art destinés aux études des élèves dans les fonderies des trois
Écoles d'Aix, d'Angers et de Châlons.

(1) On coula à cette époque, à l'abbaye d'Évaux, des tubes en forme
de D dont le grand diamètre atteignait 1$^m$,80.

Pendant son séjour à l'École d'Angers, M. Guettier se préoccupa d'intéresser les élèves à ses travaux d'expériences sur les alliages des métaux et sur les mélanges de fonte ; il fit paraître divers mémoires sur son industrie, et entre autres, son livre de la *Fonderie en France*, dont M. Vincent, directeur des constructions navales à Toulon, alors inspecteur des Écoles d'arts et métiers, put dire *que cet ouvrage, mis à la portée des ouvriers, a été, dès son apparition, reconnu si méthodique et si complet, qu'il est devenu le manuel indispensable de tout fondeur.*

En 1848, M. Guettier donna sa démission de fonctionnaire à l'École d'Angers et entra, en qualité d'ingénieur, chez MM. Pinart frères, propriétaires des usines de Marquise. Après quelques mois passés dans les bureaux de Paris et diverses visites aux usines, M. Guettier fut appelé à prendre une position définitive à Marquise.

Il fut chargé, non-seulement de la direction des travaux de la fonderie, mais encore de la direction de tous les travaux de l'usine et des constructions, en même temps que de la conduite des hauts-fourneaux (1).

Tous les ingénieurs, les constructeurs et les agents de compagnies diverses que leurs affaires ont appelés à Marquise, savent quelle part M. Guettier a prise à la prospérité des usines de Marquise.

Anciens ateliers reconstruits, transformation des hauts-fourneaux et des appareils en dépendant, nouvelles halles de

_______________

(1) M. Guettier est encore attaché par traité aux usines de Marquise en qualité d'ingénieur-conseil.

fonderie créées sur des bases nouvelles, sablerie modèle, usine à gaz, ateliers pour la fabrication des noyaux, pour l'ébarbage et pour l'ajustement des pièces de fonte, magasins, ateliers de construction et de montage, écoles, salle d'asile et hospice, logements d'employés et d'ouvriers, établissements de toutes sortes, ont été projetés, étudiés, installés sous la direction de M. Guettier (1).

Organisation de grandes fabrications pour la coulée debout des tuyaux que les fonderies de Marquise ont livrés en quantités considérables aux villes de Paris, de Marseille, de Bordeaux, etc., pour la coulée des tubes employés dans les fondations des ponts des chemins de fer russes, des ponts d'Argenteuil, de Culoz, de Bayonne, etc. Travaux de construction de ponts, de charpentes, de réservoirs, de gazomètres. Études et construction de machines-outils, plaques tournantes, grues roulantes, grues fixes. En résumé, amélioration dans la quantité des produits, perfectionnement dans l'exécution des moulages, développement des ressources de la fabrication, organisation matérielle des services, impulsion considérable donnée aux grands travaux qui ont fait des usines de Marquise une fonderie modèle, telle a été la coopération apportée par M. Guettier dans ces usines à partir de 1849 jusqu'à la fin de 1862, époque à laquelle

______

(1) On nous pardonnera d'entrer dans ces détails qui établissent la position importante que M. Guettier a occupée aux usines de Marquise et par lesquels nous n'entendons infirmer en rien l'action des propriétaires de ces usines, hommes habiles à qui revient l'honneur d'avoir créé l'un des établissements métallurgiques les mieux organisés de la France, mais qui ne sauraient nier la nature des services de M. Guettier et son influence sur le développement de la prospérité de leurs usines.

il s'est retiré pour ne plus conserver qu'une action amoindrie.

Les services rendus par M. Guettier, comme ingénieur et comme directeur d'usine, son expérience comme praticien, ont été assez évidents, assez certains, pour qu'il puisse les revendiquer au grand jour. Si, par suite de la situation exceptionnelle que MM. Pinart lui ont faite et qui, seule, prouverait quelle a été son influence dans leurs usines, M. Guettier a cru devoir s'effacer lors des expositions précédentes, il n'en juge pas de même aujourd'hui, désireux qu'il est de dégager sa personnalité dans le grand concours qui est ouvert et fort qu'il est, en même temps, de démontrer au jury, pièce en main, qu'il n'avance rien qui ne soit rigoureusement vrai.

D'après cela, l'on peut voir que M. Guettier, qui n'a pas pris ses chevrons uniquement aux usines de Marquise, a été attaché depuis 1835 à divers établissements importants de fonderie ; il a été lié à tous les progrès de la fonderie française, et il a pris part à un nombre considérable de grands travaux d'art exécutés en France pour la marine, les chemins de fer et les services publics.

Il a aidé de tous ses efforts les perfectionnements de la fonderie, soit comme directeur de fabrication, soit comme ingénieur étudiant des travaux métalliques, soit comme auteur de publications estimées.

Le nom de M. Guettier, ceci peut être dit sans orgueil de sa part, fait autorité dans la fonderie.

Il a dans les mains une volumineuse correspondance qui prouve non-seulement l'action importante qu'il a exercée depuis des années sur son industrie, mais encore qui montre qu'à toutes époques, et aujourd'hui encore, il a été et est consulté de tous côtés, par les établissements grands ou petits qui ont à s'organiser, à se compléter ou à se perfectionner comme fonderies.

L'indication suivante des ouvrages publiés par M. Guettier, montrera, d'ailleurs, les efforts qu'il a faits, soit pour la vulgarisation de son industrie, soit pour son perfectionnement, soit pour toutes autres questions touchant à l'économie sociale et industrielle.

## OUVRAGES DE M. GUETTIER.

1838. Note sur la vie et les œuvres de l'ingénieur Gengembre, directeur des usines d'Indret. — Notice sur les usines d'Indret.

1845-1847. Notice sur l'École d'arts et métiers d'Angers. — Recherches sur l'application de l'électricité aux métaux en fusion, sur l'utilisation des déchets et des matières improductives provenant de l'industrie, etc.

1846. Cours de dessin linéaire à l'usage des élèves de l'École d'arts et métiers d'Angers.

1847. Études sur la coulée en coquilles. — Notice sur l'exploitation des minerais d'étain de la Villeder.

1844-1858. Traité de la fonderie en France et de ses applications à l'industrie.

1848. Traitement des alliages de cuivre pour le laminage. — Recherches pratiques sur les alliages des métaux industriels.

1848-1861. Travaux divers sur les perfectionnements de la fonderie. — Fabrication des canons et des projectiles. — Fabrication des cloches. — Des constructions métalliques à l'Exposition de Londres. — Utilisation des matières improductives dans la métallurgie. — Recherches sur la ténacité des fontes, sur les fontes trempées, sur les fontes devant être exposées à de hautes températures.

1861. Traité sur l'emploi de la fonte dans les constructions. — Expériences sur les poutres et les colonnes en fonte, etc.

Études économiques : — Du bien-être des ouvriers dans les manufactures. — Salles d'asile, chauffage, ventilation, etc.

1864. Études sur l'organisation et la propagation de l'enseignement industriel.

1865. Histoire des Écoles impériales d'arts et métiers.

1865. Guide pratique des alliages métalliques.

En dehors de ces travaux parus en librairie, M. Guettier a publié un grand nombre d'articles et de notices sur des questions industrielles dans des revues technologiques spéciales, les Bulletins de la Société industrielle d'Angers, dans les Annales du Génie civil, etc., enfin, dans les Annuaires de la Société des anciens élèves des Écoles d'arts et métiers, dont il est l'un des vice-présidents.

# TRAVAUX

## DE L'ANCIENNE MAISON VANDE, JEANRAY, CHRISTOPHE

Fondée en 1794, par A. VANDE.

---

M. A. GUETTIER, PROPRIÉTAIRE ET SUCCESSEUR.

---

### CLASSES 54 ET 40.

L'ancienne maison Vande, Jeanray et Christophe a été fondée en 1794, par M. Vande. Elle a acquis une grande réputation dans les travaux de précision, mesures et calibres, outils d'ateliers, étirages, ressorts à boudin, etc., appareils de précision divers pour les sciences et l'industrie.

La maison a construit les premières balances de sûreté pour soupapes de locomotives ; elle a créé, une des premières, et développé la fabrication des tubes sans soudure en cuivre rouge et en cuivre jaune ; elle a, dans les mains des habiles ouvriers qui la dirigeaient, livré des travaux d'une exécution remarquable, comme étirage des métaux et comme appareils de précision, dynamomètres, machines à calculer, pièces d'horlogerie, compteurs, etc.

A toutes les Expositions, depuis 1827 jusqu'à 1865, elle a obtenu des médailles ou des rappels de médailles.

A l'Exposition universelle de 1865, elle a obtenu une médaille de 2ᵉ classe.

La maison Vande, Jeanray, Christophe a été reprise en janvier 1863, par son commanditaire M. A. Guettier, après la retraite successive de ses anciens gérants, MM. Jeanray et Christophe.

M. Guettier, qui appartient encore aux importantes usines de Marquise, dont il a été le directeur industriel pendant douze ans, a pris à tâche de développer les travaux de l'établissement devenu sa propriété.

Les travaux exclusifs de précision sont aujourd'hui peu payés en raison des bas prix qu'a amenés la concurrence dans toutes les branches de l'industrie et notamment dans celles où les ouvriers en chambre ont pu produire à peu de frais. Ils ne devaient plus suffire à alimenter les ateliers de M. Guettier qui, depuis 1863, a plus que quadruplé le chiffre d'affaires de l'ancienne maison Vande, Jeanray et Christophe.

Le nouveau propriétaire a donc dû chercher non-seulement à développer les fabrications premières, en les conservant au point de vue du travail de précision, mais à les augmenter en étendant ces fabrications vers les articles analogues produits à bon marché.

C'est ainsi, par exemple, que M. Guettier est arrivé à continuer, pour la marine, les chemins de fer, l'artillerie et les grands ateliers de construction, des outils sérieux, exécutés avec soin et à la hauteur des travaux de l'ancienne maison, en même temps qu'il produisait pour le commerce et pour l'exportation les mêmes outils et instruments à des prix excessivement faibles, possibles seulement pour des fabrications par quantités considérables.

En outre, M. Guettier a ajouté aux anciens travaux de sa maison la construction des machines-outils de dimensions moyennes et de fabrication précise, recherchées surtout par les industries parisiennes et par les petites industries qui veulent des outils peu encombrants, faciles à installer et à déplacer. De plus, sa maison, qui est chargée depuis plusieurs années des fournitures de mesures à la marine impériale, qui a livré les mesures linéaires-étalons pour le gouvernement Espagnol et pour les Principautés danubiennes, a entrepris et exécute encore des travaux importants de pièces détachées ou d'ensemble pour l'administration de la guerre, pour les chemins de fer et divers autres services publics. En résumé, avec les divisions suivantes :

1° Atelier principal pour la construction des machines et pièces de machines, produisant des travaux d'étirage, de découpage, etc. ;

2° Ateliers divers pour la fabrication et la division des mesures et des calibres de toutes sortes ;

3° Atelier pour la fabrication des niveaux, fils à plomb, pièces détachées et de tous instruments d'outillage en cuivrerie ;

4° Atelier pour la fabrication des outils destinés aux mécaniciens, règles, équerres, compas, trusquins, filières et tarauds, alésoirs, jauges, etc.

Ces derniers ateliers, conduits par des ouvriers que M. Guettier a montés, installés, qu'il commandite et qui travaillent exclusivement pour lui.

Le tout occupant 80 à 100 ouvriers attachés à des fabrications pour la plupart très-compliquées, très-détaillées et comportant plus de frais de main-d'œuvre que de matières, est organisé pour produire un chiffre de 250 à 300,000 fr. d'affaires annuelles, chiffre qui ne peut que s'accroître.

Les ateliers emploient une force motrice de 10 chevaux ; ils donnent une surface de 1,100 à 1,200 mètres carrés.

L'outillage est aujourd'hui assez complet pour exécuter des travaux de mécanique d'une certaine importance et, récemment, M. Guettier a livré, pour la fonderie impériale de Bourges, un banc à étirer et une machine à diviser les hausses de canons, plus divers autres outils, qui ont été construits dans un délai très-court. Il est chargé en ce moment pour le service de la guerre de fournitures importantes.

L'exposition de M. A. Guettier aux classes 54 et 40 donne, du reste, la mesure des constructions qui s'élaborent dans son établissement. Elle montre à la classe 54 :

1º Une vitrine garnie d'outils, règles et équerres en acier, niveaux de toutes sortes, trusquins, jauges et gabarits, alésoirs, tarauds, filières, calibres et mesures, compas, marbres et tous instruments établis avec précision, les uns destinés aux ateliers sérieux qui s'adressent directement à la fabrique, les autres, destinés au commerce ou à l'exportation. Parmi ces outils figurent des compas brevetés pour prendre les gros diamètres et donner sur un cadran l'indication de ces diamètres. Un cliquet continu à percer, breveté également, et des balances de sûreté de types divers pour soupapes de locomotives ;

2º Une machine à aléser les robinets, les boîtes de roues,

et toutes pièces coniques, brevetée, pouvant être conduite à bras ou au moteur ;

3° Un tour à décolleter, à fraiser et à percer, disposé pour marcher à volonté au pied ou au moteur, et susceptible de décolleter des objets de 20 millimètres de diamètre dans des tiges de fer, de cuivre ou d'acier ;

4° Une machine à fraiser et à rainer, construite en vue de la fabrication des alésoirs, des tarauds et des fraises. Cette machine pouvant être disposée pour couper à la fraise des bandes de cuivre d'épaisseur trop forte pour être enlevées proprement à la cisaille ;

5° Une machine à diviser les lignes droites, pouvant diviser le mètre en millimètres, utilisable par les fabricants de mesures en bois ou en métal, et recherchée par les établissements d'instruction publique comme modèle de démonstration, ou pour servir dans les cabinets de physique pour diviser les bois de thermomètres, les fioles d'éprouvettes, etc. ;

6° Une petite machine à percer les trous de faible diamètre et un appareil portatif à manivelle pour faire les rainures dans le moyeu des roues et des poulies.

A la classe 40, M. Guettier expose :

1° Des types d'étirage de précision dont les formes variées et compliquées accusent des difficultés d'exécution qui ont fait la réputation de l'ancienne maison Vande, Jeanray et Christophe, et que tous les hommes du métier comprendront.

Parmi ces échantillons divers d'étirage qui s'appliquent à tous les métaux qu'emploie l'industrie, fer, acier, cuivre et

maillechort, aluminium et bronze d'aluminium, il y a lieu
de noter des tubes en acier fondu et des canons de fusil
étirés à froid, sans soudure, par les procédés L. Christophe
ancien gérant de la maison Vande, Jeanray, Christophe ;

2° Des types divers de ressorts en acier fondu trempés
pour balances de sûreté, de soupapes de locomotives, pour
dynamomètres, pesons et autres emplois industriels ;

3° Des cages de pendules exécutées avec des cuivre
étirés, dont les spécimens figurent aux tableaux des types
d'étirage.

4° Enfin, des échantillons de fonte trempée, de fonte
soudée à l'acier, de divers métaux réunis entre eux par la
fusion et la collection des ouvrages de M. Guettier, sur la
fonderie et sur divers sujets intéressant l'industrie. Ces
objets sont destinés à rappeler les travaux personnels de
M. Guettier, dont nous avons parlé plus haut.